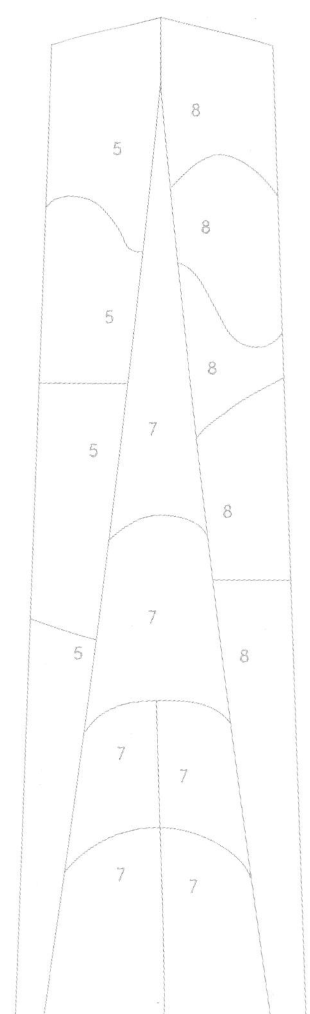

Retrouvez le coloriage complet
dans les pages de ce livre.

Zoé Illustratrice

NEW YORK

Mon grand carnet de coloriages au numéro

SOLAR

L'artiste

Passionnée par les affiches de voyage, **Zoé illustratrice** revisite l'esthétique vintage en créant son propre style, marqué par l'utilisation d'aplats colorés et un sens aigu de la mise en scène. Pour ce grand carnet de coloriages, son souhait est de laisser à l'artiste qui dort en chacun le plaisir de s'évader du quotidien grâce à une mise en couleurs gratifiante et ludique. Elle est par ailleurs autrice de romans. Vous pouvez la suivre sur son blog www.illustrateur.paris ou sur son compte Instagram @zoe_illustratrice

MON GRAND CARNET DE COLORIAGES AU NUMÉRO

Envie de parcourir le monde à la recherche de paysages exceptionnels ? De vous évader grâce à une activité créative ? Avec ces 30 coloriages mystères, embarquez pour un merveilleux voyage dans la ville qui ne dort jamais !

Le principe du coloriage mystère est simple : il consiste à colorier des zones numérotées selon un code couleur, révélant progressivement une image cachée. Ici, de merveilleuses scènes et paysages new-yorkais se dévoileront zone après zone...

Ces œuvres inédites et délicieusement *vintage*, une fois coloriées par vos soins, pourront être affichées chez vous ou constituer des cadeaux uniques pour vos proches. Vous trouverez même un poster grand format à la fin de l'ouvrage !

COMMENT PROCÉDER ?

1. Choisissez un coloriage. Vous pouvez laisser le hasard vous surprendre ou bien, pour les plus curieux d'entre vous, consulter les illustrations en couleurs présentées dans les dernières pages du livre.

2. Détachez la page choisie grâce aux perforations, vous serez plus à l'aise pour colorier.

3. Observez le code couleur numéroté en bas du coloriage et réunissez le matériel correspondant aux teintes concernées. Vous pouvez utiliser des feutres, des crayons de couleur et même de la peinture gouache ou acrylique. Il est aussi possible de modifier le code couleur afin de laisser libre cours à votre créativité !

4. Prenez la couleur numérotée 1 et remplissez toutes les zones concernées par ce numéro. Poursuivez avec les autres numéros de façon à remplir tout le coloriage. Attention, les zones sans numéros doivent rester blanches. En cas de doute, consultez les solutions.

5. Admirez le résultat ! Et retournez la page pour découvrir le titre de l'œuvre et le mot de l'artiste pour en savoir plus sur l'image.

1 2 3 4 5 6 7 8

Coloriage 1

Broadway la nuit

Sous les lumières éclatantes de ses innombrables théâtres, Broadway incarne l'âme vibrante de la scène artistique new-yorkaise. Ces derniers sont connus pour leurs comédies musicales dont on ressort des étoiles plein les yeux.

1 2 3 4 5 6 7 8 9 10

Coloriage 2

Cupcakes

Véritables icônes de la gourmandise américaine, les cupcakes colorés évoquent la créativité culinaire et l'esprit festif de New York. Le plus difficile est de choisir son glaçage !

1 2 3 4 5 6 7

Coloriage 3

Chrysler Building

Chef-d'œuvre de l'Art déco, le Chrysler Building est l'un des gratte-ciels les plus élégants et emblématiques de la *skyline* new-yorkaise. Avec sa flèche culminant à 319 m, il fait partie des nombreuses tours construites dans les années 1930 lors de la course au plus haut gratte-ciel.

Coloriage 4

1 2 3 4 5 6 7 8 9 10 11 12

Chinatown, Nouvel An chinois

Quartier mythique de New-York, Chinatown témoigne de la diversité culturelle de la ville. Lors du Nouvel An chinois, ses rues se parent d'une multitude de couleurs et la parade du dragon défile dans les rues pour animer les festivités.

Coloriage 5

1 2 3 4 5 6 7 8 9 10 11 12 13

Central Park

Poumon vert de Manhattan, Central Park offre aux New-Yorkais un refuge naturel au cœur de la jungle urbaine. Lorsque l'automne pointe le bout de son nez, il n'est pas rare de voir les New-Yorkais se balader le long des lacs, un café à la main.

Coloriage 6

1 2 3 4 5 6 7 8 9

Brownstones

Typiques de l'architecture new-yorkaise, les *brownstones*, avec leurs façades en briques rouges ornées d'escaliers extérieurs en fer forgé, racontent l'histoire des quartiers résidentiels comme Soho et Greenwich Village.

Coloriage 7

1 2 3 4 5 6 7 8 9 10

Muséum d'histoire naturelle

Avec ses expositions spectaculaires, dont le célèbre squelette de T. Rex, le *Museum of Natural History* est un temple du savoir et de l'émerveillement pour petits et grands à deux pas de Central Park.

Coloriage 8

1 2 3 4 5 6 7 8 9

Guggenheim

Avec ses spirales emblématiques dessinées par Frank Lloyd Wright, le Guggenheim est une œuvre d'art en soi, ce qui lui a d'ailleurs valu d'intégrer le patrimoine de l'UNESCO en 2008. Il fait la part belle aux œuvres d'avant-garde dont était collectionneur son créateur.

1 2 3 4 5 6 7 8 9 10

Coloriage 9

Taxis jaunes

Parcourant sans relâche les rues bondées, les taxis new-yorkais, avec leur couleur jaune caractéristique, sont l'une des images les plus reconnaissables de la grosse pomme.

1 2 3 4 5 6 7 8 9

Coloriage 10

Subway

Tentaculaire, le métro new-yorkais est l'artère souterraine qui fait battre le cœur de la ville de jour comme de nuit. Avec ses 24 lignes, il s'agit du métro qui comporte le plus grand nombre de stations.

Coloriage 11

1 2 3 4 5 6 7 8 9 10

High Line

Ancienne voie ferrée aérienne transformée en parc suspendu, la High Line, située au cœur du quartier de Chelsea, incarne l'esprit novateur et écologique du New York contemporain.

Coloriage 12

1 2 3 4 5 6 7 8 9 10 11 12

MoMA

Créé à l'initiative de trois femmes dans les années 1920 afin de valoriser l'art moderne, le Museum of Modern Art (MoMA) abrite certaines des œuvres les plus célèbres du monde, reflet de l'avant-garde culturelle de New York. Vous pourrez y admirer des œuvres d'Andy Warhol, d'Edward Hopper ou encore de Jackson Pollock.

1 2 3 4 5 6 7 8 9

Coloriage 13

Ferry Staten Island

Offrant une vue imprenable sur la Statue de la Liberté, le ferry de Staten Island, avec sa couleur orange distinctive, propose un trajet emblématique, gratuit et quotidien pour des milliers de New-Yorkais.

1 2 3 4 5 6 7 8

Coloriage 14

Statue de la Liberté

Symbole universel de liberté et d'espoir, la Statue de la Liberté accueille depuis 1886 les visiteurs et les rêveurs venus du monde entier. Cette œuvre de 90 m de haut conçue par le Français Auguste Bartholdi donne, depuis sa couronne, une vue imprenable sur la baie de New-York.

Coloriage 15

1 2 3 4 5 6 7

Pont de Brooklyn

Chef-d'œuvre d'ingénierie et icône du romantisme urbain, le pont de Brooklyn enjambe majestueusement East River pour relier Manhattan et Brooklyn depuis 1883.

Coloriage 16

1 2 3 4 5 6 7 8 9 10 11

Sculpture LOVE

Avec ses lettres rouges inclinées, la sculpture LOVE incarne l'esprit pop art et la culture visuelle vibrante de New York. Si cette sculpture de Robert Indiana n'est plus visible à New-York depuis quelques temps, vous pouvez admirer une autre de ses œuvres, HOPE, à quelques *blocks* de là.

Coloriage 17

1 2 3 4 5 6 7 8 9

Pastrami

Les meilleurs endroits pour terminer une longue journée à New-York ? Les légendaires *delicatessen* ! On peut y déguster du pastrami, poitrine de bœuf préparée en saumure et fumée, glissée entre deux tranches de pain de seigle, un classique incontournable de la gastronomie new-yorkaise.

Coloriage 18

1 2 3 4 5 6 7 8 9

Vessel

Avec sa structure en nid d'abeille futuriste, le *Vessel* d'Hudson Yards est devenu un nouveau point de repère du New York moderne. Composé d'un réseau d'escaliers imbriqués, cette sculpture monumentale termine la High Line en beauté.

1 2 3 4 5 6 7 8 9

Coloriage 19

Téléphérique de Roosevelt Island

Offrant une vue spectaculaire sur Manhattan, le téléphérique reliant l'île de Manhattan à Roosevelt Island est une expérience unique dans le ciel new-yorkais. Pensé à l'origine comme une solution provisoire afin de desservir ces deux îles voisines, il a finalement su se faire une place dans le réseau de transports de la ville.

Coloriage 20

1	2	3	4	5	6	7	8

Ground Zero

Lieu de mémoire, Ground Zero rend hommage aux victimes du 11 septembre 2001 et incarne la résilience et l'unité de la ville de New York.

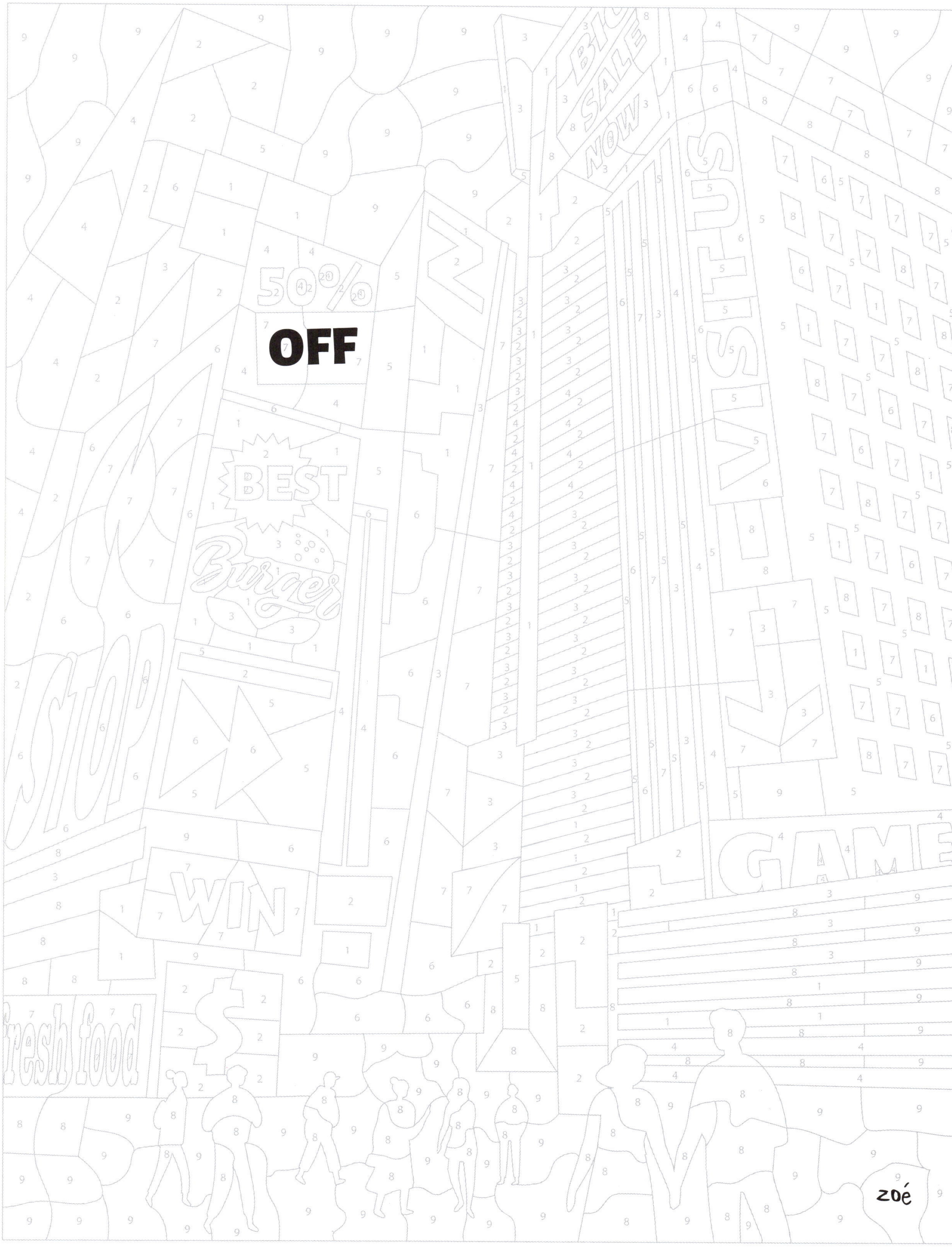

1 2 3 4 5 6 7 8 9

Coloriage 21

Times Square

Surnommé « le carrefour du monde », Times Square, avec ses écrans géants et sa foule constante, incarne l'énergie débordante de New York.

Coloriage 22

1 2 3 4 5 6 7 8 9

Hotdog

Symbole de la *street food* new-yorkaise, le hotdog dégusté à un coin de rue fait partie intégrante de l'expérience urbaine. Plutôt ketchup ou moutarde ?

1 2 3 4 5 6 7 8 9

Coloriage 23

King Kong

Monstre mythique associé à New York depuis sa première apparition à l'écran en 1933, King Kong incarne la fascination et l'imaginaire autour des gratte-ciels vertigineux de la ville.

Coloriage 24

1 2 3 4 5 6 7

Pizzeria

À New York, la part de pizza, souvent dégustée debout dans la rue, est une institution aussi populaire qu'indissociable de l'identité locale. Rendez-vous à NoLita (*North of Little Italia*), le quartier italien de New-York, pour déguster les meilleures parts.

Coloriage 25

1 2 3 4 5 6 7 8 9 10 11

Joueurs de basket à Harlem

Sur les terrains de Harlem, le basket est plus qu'un sport : c'est une culture, une fierté et une forme d'expression unique. Panier !

Coloriage 26

1 2 3 4 5 6 7

Apollo Theater

Cœur battant de la culture afro-américaine à Harlem, l'Apollo Theater est un lieu mythique du mouvement *Harlem Renaissance*. Il a révélé des légendes comme Ella Fitzgerald et James Brown.

Coloriage 27

1 2 3 4 5 6 7 8

Grand Central

Avec son hall majestueux, Grand Central Terminal est un joyau architectural et un carrefour vital de la ville. Son plafond est orné d'une constellation réalisée par le peintre Français Paul César Helleu. Elle a été redécouverte lors de la restauration de la station dans les années 1990.

1 2 3 4 5 6 7

Wall Street

Donnant le *la* de la finance mondiale, Wall Street représente le pouvoir économique de New York et son influence planétaire. L'impressionnante sculpture de taureau à proximité, d'abord installée illégalement par son auteur et finalement autorisée, fait désormais partie intégrante du paysage.

1 2 3 4 5 6 7 8

5e *avenue*

Traversant Manhattan du sud au nord, la 5e avenue longe Central Park à l'est. Elle est le symbole du luxe et de l'élégance new-yorkaise, avec ses boutiques prestigieuses, ses musées emblématiques et ses édifices historiques qui la bordent.

SOLUTIONS

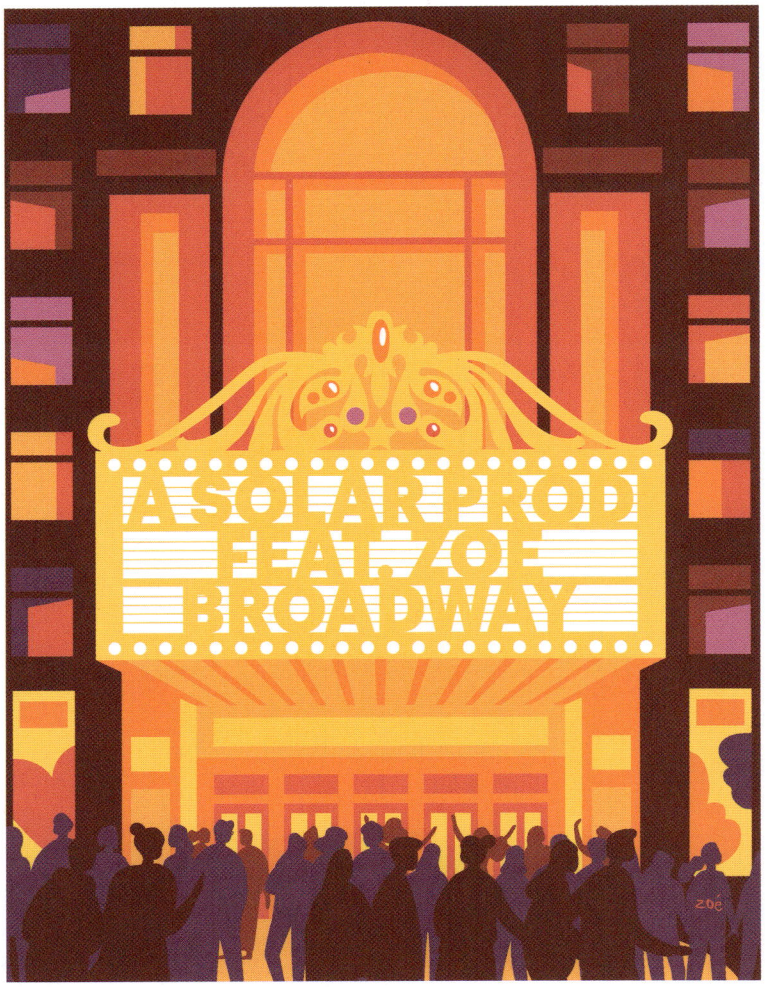

Coloriage 1

Coloriage 2

Coloriage 3

Coloriage 4

Coloriage 5

Coloriage 6

Coloriage 7

Coloriage 8

Coloriage 9

Coloriage 10

Coloriage 11

Coloriage 12

Coloriage 13

Coloriage 14

Coloriage 15

Coloriage 16

Coloriage 17

Coloriage 18

Coloriage 19

Coloriage 20

Coloriage 21

Coloriage 22

Coloriage 23

Coloriage 24

Coloriage 25

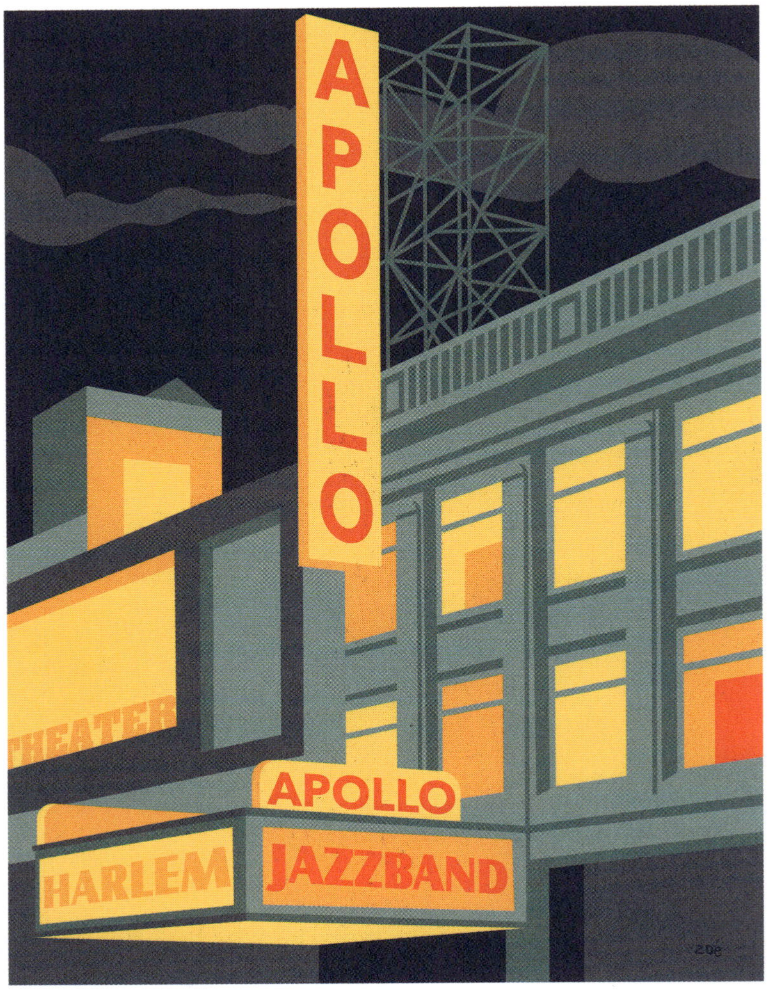

Coloriage 26

Coloriage 27

Coloriage 28

Coloriage 29

Coloriage 30

LES SOLUTIONS EN UN CLIN D'ŒIL

Coloriage 1

Coloriage 2

Coloriage 3

Coloriage 4

Coloriage 5

Coloriage 6

Coloriage 7

Coloriage 8

Coloriage 9

Coloriage 10

Coloriage 11

Coloriage 12

Coloriage 13

Coloriage 14

Coloriage 15

Coloriage 16

Coloriage 17

Coloriage 18

Coloriage 19

Coloriage 20

Coloriage 21

Coloriage 22

Coloriage 23

Coloriage 24

Coloriage 25

Coloriage 26

Coloriage 27

Coloriage 28

Coloriage 29

Coloriage 30

DANS LA MÊME COLLECTION

Partagez vos coloriages sur les réseaux
en mentionnant @solar_editions et en ajoutant
le hashtag #Solarcoloriage !

Direction : Didier Férat
Direction éditoriale : Corinne Cesano
Édition : Iris Odier
Collaboration éditoriale : Ninon Le Bourhis
Illustrations : © Zoé Illustratrice
Création graphique de la couverture : Marina Delranc
Mise en page : Istria
Fabrication : Stéphanie Lascar-Gris

92, avenue de France – 75013 Paris
Tél. : 01 44 16 09 00
Courriel : info@lisez.com
Site Internet : www.lisez.com

ISBN : 978-2-263-19198-5
Code éditeur : L19198/01
Dépôt légal : octobre 2025
Imprimé en Italie par LEGO

CONEY ISLAND
zoé

Coloriage 30

1 2 3 4 5 6 7 8 9 10 11

Luna Park, Coney Island,

Avec ses manèges colorés en bord de mer, Luna Park à Coney Island offre une échappée festive et nostalgique, incontournable pour les New-Yorkais. Lorsque le soleil se couche, le parc brille de mille feux et offre une vision magique grâce à ses milliers d'ampoules présentes depuis la création en 1903.